LES

INVALIDATIONS

ET

LA JUSTICE

ESQUISSE D'UNE RÉFORME

PAR

G. DU PETIT·THOUARS

TOURS

DESLIS FRÈRES

6, RUE GAMBETTA, 6

1890

LES INVALIDATIONS

ET

LA JUSTICE

ESQUISSE D'UNE RÉFORME

LES

INVALIDATIONS

ET

LA JUSTICE

ESQUISSE D'UNE RÉFORME

PAR

G. DU PETIT-THOUARS

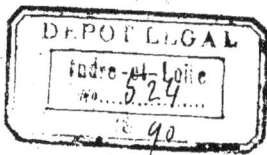

TOURS

DESLIS FRÈRES

6, RUE GAMBETTA, 6

—

1890

La Chambre vient de terminer la vérification des pouvoirs de ses membres[1]. Issue des scrutins des 22 septembre et 6 octobre 1889, elle aura mis près de sept mois pour achever cette besogne préliminaire. On trouvera sans doute qu'elle a mal débuté, et perdu bien du temps en discussions stériles et irritantes. Une leçon se dégage, semble-t-il, de ces interminables débats : cherchons à la formuler.

Que devrait être la vérification des pouvoirs? Une œuvre d'impartialité et de justice. — Qu'a-t-elle été? Une œuvre de représailles et de rancune. — Quelle réforme s'impose? La récusation de la juridiction parlementaire pour cause de suspicion légitime, et l'attribution de ces causes à un tribunal autre que la Chambre, soustrait, si faire se peut, à l'influence de l'esprit de parti et des passions politiques.

La vérification des pouvoirs comporte l'examen de deux ordres de questions : les opérations électorales se sont-elles faites conformément à la loi, les votes ont-ils été attribués comme ils devaient l'être? d'une part — de l'autre, rien n'est-il venu altérer la sincérité de l'élection? Cette partie de la besogne est de beaucoup la plus délicate. Déjà la majorité ne paraît guère compétente pour trancher des questions de fait, dont la solution engage son propre

[1] C'est hier seulement, 29 mai, que l'opération a été close par l'invalidation de M. Picot, le concurrent heureux de M. Jules Ferry à Saint-Dié.

intérêt; à plus forte raison des questions d'appréciation. Elle est juge et partie dans la cause ; il serait contraire à la nature humaine, s'il s'agit d'un de ses membres, qu'elle ne se montrât pas disposée à trouver parfaitement régulières les opérations électorales, en revanche à soulever des objections et à accueillir les protestations, s'il s'agit d'un membre de la minorité. Que la difficulté porte sur l'appréciation d'une manœuvre, combien plus encore ses jugements prêteront-ils au soupçon et à la critique. Le plus honnête homme lui-même est enclin à l'indulgence vis-à-vis d'un ami; quand il aura à juger un adversaire politique, les souvenirs de la lutte récente, l'irritation qu'elle ne peut pas ne pas laisser même dans les âmes les plus hautes, tout contribuera à le troubler. Ces prévisions, ces craintes suggérées par le bon sens et la raison, l'expérience les confirme pleinement. Si l'on veut étudier sans parti pris les dossiers et les débats de la dernière vérification, on sort de cet examen tout à fait édifié.

I

Validations, invalidations, les unes et les autres sont également instructives. Le même esprit de partialité et d'injustice n'a cessé de dominer la Chambre, qu'elle admît quelques-uns des élus, ou qu'elle en renvoyât d'autres devant les électeurs. Le scandale ressort de certaines admissions, tout comme des annulations qui ont plus particulièrement révolté la conscience publique.

La validation de M. Joffrin a fortement frappé l'opinion ; nous ne nous y arrêterons pas longtemps, parceque la question est jugée.

Le 6 septembre, deux candidats principaux étaient en présence dans la deuxième circonscription, dite de Clignancourt, du XVIIIᵉ arrondissement de Paris, le général Boulanger et M. Joffrin. 5,500 voix sont allées à M. Joffrin, 7,811 au général Boulanger[1]. Ce dernier, aux termes de la loi, était inéligible; la Chambre ne pouvait pas l'admettre malgré sa majorité, mais devait-elle proclamer son adversaire, et y avait-il une autre issue à cette difficulté que l'annulation des opérations électorales? Toutes les subtilités mises en avant ne sauraient prévaloir contre l'énoncé

[1] Rapport de la Commission, *Journal officiel* du 6 décembre, page 293.

de ce simple fait que, sur 14,973 votants, plus de 8,000 ont clairement manifesté leur volonté de ne pas confier le mandat de représentant à M. Joffrin. C'est lui cependant, que la Chambre, par crainte d'une seconde manifestation, boulangiste, n'a point balancé à proclamer député; c'est l'élu de la minorité des électeurs de Clignancourt qui, au mépris de tout droit et de toute justice, a été admis au nombre des législateurs [1].

Il est une autre validation qui, pour n'avoir pas fait autant de bruit que le cas de M. Joffrin, ne mérite pas moins de retenir l'attention, les procédés de la majorité y sont pris sur le vif, et elle en offre un spécimen tout à fait caractéristique, — c'est l'admission de M. Razimbaud, appelé à siéger comme représentant de Saint-Pons.

D'après la Commission de la Chambre, M. Razimbaud a eu 6,334 voix, et M. André Reille, son adversaire, 6,308, soit un écart de 26 suffrages. Or les présomptions les plus sérieuses rendent ce résultat au moins contestable, et un incident étrange, c'est le moins qu'on en puisse dire, se serait passé dans une des comunes de cette circonscription, celle de Pierrerue : que le lecteur lui-même en juge.

Au dépouillement du scrutin, le maire, président du bureau électoral, a annexé au procès-verbal, tout en les comptant au candidat, cinquante bulletins Reille, comme

---

[1] Un amendement tendant à l'annulation des opérations électorales, l'amendement Cluseret, qui a eu la rare fortune de réunir l'adhésion de l'extrême gauche et de la droite, de M. Clémenceau et du duc de Doudeauville, de Paul de Cassagnac et de Camille Pelletan, a échoué par 233 voix contre 293 (Séance du 9 décembre).

ne portant pas la mention : *Scrutin de ballotage*. Notons
que cette mention n'est aucunement obligatoire. Deux conseillers municipaux de Pierrerue affirment devant la justice
que cette omission a été le seul prétexte invoqué pour
annexer ces bulletins, et qu'au moment de la clôture du
procès-verbal, ils étaient absolument intacts et immaculés.
— Le dossier fait le voyage de Pierrerue à Saint-Pons, de
Saint-Pons à Montpellier, et là, à la grande surprise de
M. Reille, à qui, avec une bizarre unanimité, tous les
représentants de l'administration, sous-préfet, préfet, jusqu'au ministre lui-même, ont constamment refusé commu-
nication des pièces, là donc, la Commission de recensement constate que trente et un bulletins Reille, en prove-
nance de Pierrerue, sont tachés, maculés, marqués de
signes extérieurs. En conséquence, elle annule les trente
et un bulletins, et cette annulation a pour résultat d'assu-
rer l'élection de M. Razimbaud, qui passe avec vingt-six
voix de majorité, tandis que, si les trente et un bulletins Reille
n'avaient pas été annulés, c'était M. André Reille qui l'empor-
tait avec cinq voix. — Pour tout esprit indépendant et
impartial n'est-il pas évident que l'incident est louche, et que
l'accusation portée contre le maire de Pierrerue d'avoir après
coup, après la clôture du procès-verbal, intentionnellement
taché trente et un des bulletins Reille réservés, présente au
moins de la vraisemblance? Pourquoi ce maire a-t-il annexé
des bulletins qu'il a lui-même comptés au candidat Reille?
S'il avait, au dépouillement, trouvé des signes extérieurs,
ne se serait-il pas abstenu de les compter, ne les aurait-
il pas immédiatement annulés lui-même, comme le pres-
crivent les instructions? Au lieu de cela, il les compte,

*

parce que devant le public, témoin vigilant et attentif, il est impossible de faire autrement, mais en même temps il les annexe ; il les annexe de par son bon plaisir, car sous aucun prétexte, ces bulletins ne rentrent légalement dans aucune des catégories de bulletins à réserver. D'autre part, deux conseillers municipaux de la commune de Pierrerue déposent devant la justice que ces cinquante bulletins étaient bien nets. Tout cela, n'est-il pas vrai? constitue un ensemble de circonstances pour le moins singulières. — Que devait faire la Chambre? Si les trente et une voix annulées avaient assuré l'élection d'un conservateur, sa décision eût été vite prise, il n'est pas besoin de dire dans quel sens. Quelle que fut la nuance du candidat proclamé, le devoir de ces soi-disant juges était tout tracé : ils devaient, sinon annuler l'élection, au moins ordonner une enquête : c'est ce que la droite se bornait à demander, c'est ce que réclamait l'honorable représentant de la Seine, le docteur Desprès, alléguant qu'il y allait de l'honneur de la République et des républicains : « Si vous voulez justifier « la rigueur avec laquelle vous traitez vos adversaires « politiques, s'écriait-il en terminant sa protestation, nous « avons le devoir d'être justes pour nous-mêmes et pour « les nôtres ; sans cela nos jugements ne deviendront plus « que des œuvres de parti. Pour moi, je déclare que je « voterai l'enquête ; je ne voterai en aucun cas la valida- « tion, et j'ai le sentiment d'agir ainsi en républicain droit « et loyal [1]. » A cette adjuration d'un honnête homme la majorité est demeurée sourde, elle n'a répondu à

---

[1] *Journal officiel* du 11 février, p. 249.

M. Desprès que par des huées, et elle a rejeté l'enquête et
validé hnrdiment M. Razimbaud avec ses 26 voix, donnant
ainsi à penser par son obstination même à repousser la
lumière, qu'elle avait peur sans doute de faire jaillir une
vérité désagréable.

C'est un fait trop peu connu, utile cependant à rappeler,
que sur les 370 députés qui composent la majorité, il en
est 46 qui n'ont passé qu'avec moins de 500 voix. Parmi
ces 46, 20 ne sont même pas arrivés à 200 voix, et 11
enfin en ont eu moins de 100. Une mention particulière
est due à MM. Hubbard, élu avec 27 suffrages, —
Razimbaud, déjà nommé, avec 26, — Henry Fouquier, avec
24, — Frogier de Pontlevoy avec 19, — et Fidèle Simon,
avec 6 [1]. Trait curieux, et qui, à notre avis, suffirait à
juger le système : de ces cinq représentants élus avec de
si faibles majorités, il n'en est pas un qui ait osé se refuser
à l'invalidation de MM. de Belleval, Laur et Vacher, nommés, eux, respectivement par 1,468, 2,365 et 2,870 suffrages.
Le moins passionné, M. Henry Fouquier, s'est abstenu
deux fois ; la troisième, avec l'autorité que lui donnait sa
majorité de 24 voix, il a cassé l'élection de M. de Belleval,
une élection consacrée par 2870 suffrages. Les autres
députés de cette catégorie se sont constamment rangés
au nombre des invalideurs les plus déterminés.

Pour revêtir d'un semblant de justice les invalidations

[1] Tous ces chiffres sont extraits soit du *Journal officiel*, soit du
recueil d'A. Bertrand intitulé : *La Chambre de* 1889. — Voir le tableau
annexe.

prononcées, les meneurs, sans parler de l'igérence cléricale, ont invoqué comme motif principal la pression
exercée sur les électeurs, ainsi que la corruption pratiquée
à leur endroit. A les entendre, on croirait vraiment que
leurs propres élections sont restées pures de tout abus de
ce genre. Là vérité est qu'elles en sont entachées autant
et plus que les autres.

Oui, il y a eu pression, mais la pression s'est produite
de part et d'autre ; elle est venue des candidats officiels
comme des autres. Chacun, dans tous les camps, par tous
les moyens possibles, par la séduction le plus souvent,
par la menace parfois et par la peur, s'est efforcé de
gagner le plus de voix à sa cause. Les candidats officiels
ne se sont pas, que nous sachions, abstenus de ces procédés, ils en ont usé tout autant que leurs adversaires.
N'y a-t-il pas eu en plus à leur profit une pression
spéciale, la pression sur les fonctionnaires et sur
tout ce qui, de près ou de loin, tient au Gouvernement,
« depuis le recteur d'académie jusqu'au plus humble
« instituteur ; depuis le receveur général des finances
« jusqu'au porteur de contraintes ; depuis le préfet mari-
« time jusqu'à l'ouvrier des ports ; depuis le directeur de la
« régie jusqu'au débitant ; depuis l'inpecteur des postes
« jusqu'au facteur rural ; depuis le directeur des do-
« maines jusqu'au buraliste de village ; depuis le ministre
« des travaux publics jusqu'au dernier des cantonniers ;
« depuis le procureur général jusqu'au commissaire
« de police, au gendarme, au garde champêtre [1] ? »

---

[1] Il a paru piquant d'emprunter l'énumération des personnes sur
qui s'exerce la pression administrative à M. Jules Ferry lui-même, le

Se peut-il une pression plus caractérisée, plus manifeste que l'injonction adressée sous peine de révocation à tous ces serviteurs de l'État, non seulement de voter pour les candidats officiels, mais encore de mettre toute leur influence au service de ces candidats? Ce que l'on demande maintenant aux fonctionnaires, ce n'est pas avant tout de bien servir l'État, de remplir correctement leurs obligations professionnelles, c'est d'abord et en première ligne de se faire les hommes-liges d'un parti, les instruments, les serviteurs complaisants et dociles d'une coterie. Prenons les agents des finances, de l'enregistrement ou des forêts: est-ce qu'ils n'ont pas fait tout leur devoir, quand ils ont, les uns, assuré l'observation des règles financières et la rentrée des deniers publics, les autres pourvu, comme il convient, à la conservation et à l'amélioration du domaine confié à leurs soins? A-t-on le droit de leur en demander davantage et de soumettre aux investigations les plus inquisitoriales leur attitude, leurs sentiments et jusqu'à leur conduite privée? Aussi insolents dans leurs exigences que les représentants des régimes déchus tant vilipendés par eux, les puissants du jour ont la prétention de dicter leurs votes aux fonctionnaires et d'asservir leur conscience. Cet abus de pouvoir, tous les gouvernements l'ont commis: jamais il n'a été porté au degré où nous le voyons parvenu. Les fonctions publiques sont devenues, presque toutes du moins, la proie des politiciens, le salaire et la récompense

brillant et éloquent défenseur de la liberté électorale, quand il était dans l'opposition. L'écrit qui a fourni cette citation est intitulé: *La lutte électorale* en 1863, par Jules Ferry, avocat à la cour impériale. —Paris, Dentu, 1863. — Nous aurons occasion d'y revenir.

des services électoraux. Une fois pourvus et enrichis par le partage des dépouilles, les bénéficiaires n'ont pas le droit de se reposer, ils ne sont sortis de la lutte que pour y rentrer, et on les somme de payer ces avantages par de nouveaux services. Sous peine de mort, ils sont tenus de s'enrégimenter dans l'armée politicienne, et de manœuvrer sous l'œil et sous la direction des chefs.

L'appoint ainsi fourni par les fonctionnaires aux candidats officiels ne saurait être considéré comme une quantité négligeable. Qui oserait affirmer que, dans des élections comme celles que nous avons citées, où les vainqueurs ne l'ont emporté qu'à quelques voix de majorité, ce poids, jeté dans la balance, n'ait pas été décisif? De certains candidats nommés à moins de 500, ou de 200, ou de 100 voix même, on a le droit de dire qu'ils n'ont été que les élus des fonctionnaires.

La corruption de l'électeur a fourni le second chef d'accusation contre les députés dont la majorité avait résolu l'invalidation. A l'égard de cet argument nous ne pouvons que répéter ce que nous venons de dire de la pression : ce sont les candidatures officielles qui ont été viciées par la corruption dans une mesure qui n'a été atteinte nulle part. Est-ce que tous les éléments de ce qu'on appelle la corruption ne se rencontrent pas dans ce fait, partout constaté, des agents du Gouvernement et des candidats officiels déclarant hautement et sans vergogne que les faveurs administratives seraient réservées à qui voterait pour le Gouvernement et refusées à qui s'en séparerait? Les faveurs administratives sont tous ces avantages, subven-

tions, secours, payés avec l'argent de tous les contri-
buables; à ce titre, elles appartiennent à tous sans distinction
d'opinion. C'est un scandale que de les voir monopo-
lisées au profit d'un parti. S'il est une tentative de corruption, en voilà bien une ; rien n'y manque [1]. Elle a été
universellement pratiquée: préfets, sous-préfets, candidats,
tous et partout ont tenu le même langage. Pour que les
populations aient résisté à cette entreprise de corruption,
il a fallu de leur part une résolution énergique avec la
volonté bien arrêtée de faire passer leur indépendance avant
leurs intérêts. Puisons dans le compte rendu des séances,
dans les rapports mêmes et dans les discussions auxquelles
ils ont donné lieu, la preuve irréfutable de ce que nous
avançons.

Lors du débat relatif à l'élection de la deuxième circonscription de Poitiers, on a beaucoup remarqué la lettre
écrite par le candidat officiel au curé de la commune de
Miqualou ; elle mérite d'être reproduite, parcequ'elle est
typique. Il s'agit d'un secours pour une église, car ces
fanatiques adversaires du clergé n'hésitent pas à recourir
à son influence lorsqu'ils croient pouvoir l'employer à leur
profit ; le curé s'adresse au candidat officiel qui lui répond .

---

[1] « A mes yeux, une corruption collective est aussi grave, plus
« grave peut être que des corruptions individuelles. Faire ce marché
« avec un arrondissement: Donnez-moi vos voix, donnez-moi la haute
« qualité de député, et je vous serai utile ; je ferai un chemin de fer
« à vos portes, j'enrichirai vos propriétés, et je vous donnerai les
« avantages que vous désirez, — c'est à mes yeux la pire de toutes les
« corruptions. » Ces belles paroles de M. Dufaure sont citées avec admi-
ration par M. Jules Ferry, candidat de l'opposition. Ne frappent-elles
pas directement les procédés actuels des amis mêmes de M. Jules
Ferry, devenu homme de gouvernement?

que l'affaire est laissée en suspens........ jusqu'après les élections, mais, ajoute-t-il : « Je crois pouvoir affirmer que, « si les gens de Miqualou ne sont pas des ingrats à mon « égard, je pourrai parvenir à un heureux résultat [1]. » Nous avons choisi ce trait entre mille, on pourrait en citer bien d'autres. Pour compléter la moralité de l'histoire, il y a lieu d'ajouter que, malgré ses offres séduisantes, le candidat officiel a été battu ; en revanche la Chambre a invalidé son heureux adversaire, quoiqu'il n'eût disposé d'aucune parcelle des faveurs administratives, et elle l'a obligé à redemander une seconde investiture à ses électeurs qui ne la lui ont du reste point refusée.

Après cet exemple de corruption demeurée stérile, en veut-on un autre où, au contraire, le succès semble avoir couronné les efforts des tentateurs ? C'est la Loire-Inférieure qui va nous le fournir. La citation suivante est extraite textuellement du rapport sur l'élection de la première circonscription de Saint-Nazaire. « Un seul fait répréhensible, « lisons-nous dans ce document, peut être relevé contre « M. Fidèle Simon. C'est l'affichage dans la commune de « Mesquer d'un appel aux habitants, signé d'un groupe « d'électeurs et visé par M. Fidèle Simon. Dans cet appel « on affirme que M. Fidèle Simon s'est engagé à faire « donner un secours d'au moins 10,000 francs pour la « construction de l'église, et on accuse faussement « M. Maillard (son adversaire) d'avoir acheté des sels « étrangers au détriment du commerce local [2]. » Le rapporteur n'a relevé, affirme-t-il, dans l'élection de M. Fidèle

[1] *Journal officiel*, séance du 30 novembre, page 229.
[2] *Journal officiel*, séance du 28 novembre, page 198.

Simon qu'un seul fait répréhensible ; soit, nous voulons
bien l'en croire, mais comme M. Fidèle Simon ne l'a emporté que de six voix sur son concurrent, 8,458 contre
8,452, et qu'il a précisément obtenu la majorité dans la
commune de Mesquer, peut-être n'est-il pas téméraire
d'affirmer que la promesse en son nom répandue par ses
amis, n'a pas été sans exercer une certaine influence sur
le résultat, influence décisive même, si l'on considère la
faiblesse de sa majorité.

La réserve, si peu observée par les candidats, a-t-elle
été mieux gardée parles fonctionnaires ? Les représentants
du Gouvernement particulièrement mêlés aux élections,
préfets, sous-préfets, ont-ils apporté plus de tact dans le
maniement de ce puissant engin de corruption, la promesse des bienfaits gouvernementaux, prodigué avec moins
de cynisme l'appât des faveurs administratives ? Tous les
échos de la dernière campagne attestent le contraire, et
rien n'autorise à leur décerner un brevet de discrétion et
d'austère retenue. La perspective présentée avec à-pro-
pos de la manne officielle a été entre leurs mains une
arme constamment employée, sinon toujours efficace. Le
sous-préfet de Mauléon, qui s'est laissé prendre en flagrant
délit, ne constitue pas, qu'on en soit bien convaincu, une
seule et unique exception ; il s'est montré plus franc, sinon
aussi adroit que ses collègues. L'incident auquel nous
faisons allusion a été porté à la tribune de la Chambre
dans la séance du 27 janvier, et il n'a soulevé aucun démenti
par la meilleure de toutes les raisons, parce que la vérité
des faits résultait d'un débat judiciaire. L'imprudence re-
levée contre le sous-préfet de Mauléon avait consisté à

menacer ouvertement du retrait d'un droit de pacage dans la montagne les habitants des communes des Aldudes et d'Urepel s'ils votaient contre le candidat officiel, ce qui revenait à leur promettre, s'ils votaient pour, le maintien de leur privilège. Voici au surplus les considérants mêmes du jugement du tribunal de Mauléon :

« Attendu qu'il est formellement résulté des débats et de la déposition unanime des témoins, qu'à la date du 13 septembre dernier, M. le sous-préfet dans une réunion privée de sept à huit personnes a déclaré que le Gouvernement avait le droit formel d'enlever les franchises aux communes des Aldudes et d'Urepel ; que, si les électeurs de cette région ne votaient pas pour le candidat du gouvernement, il était décidé à conclure dans son rapport annuel pour la suppression de ces franchises ; qu'il autorisait les membres présents à la réunion à se faire l'écho de ses paroles et à donner la plus grande publicité à sa déclaration ;

« Attendu que le sieur Duhalde, instituteur à Urepel, interprétant comme un ordre ce qui n'était en réalité que la manifestation d'un désir, publia en sa qualité de mandecommun aux lieux accoutumés et à l'issue de la messe la dite déclaration ; que cette publication fut faite aux us et coutumes de la localité ; qu'interrogés sur les faits mis à leur charge, MM. Metas (le sous-préfet) et Duhalde en complète harmonie du reste avec les témoins entendus, reconnaissent le fait tel qu'il est matériellement établi ainsi que les diverses circonstances qui l'ont suivi ou accompagné.....[1] »

Ainsi combattu, le candidat indépendant l'a néanmoins emporté avec 1,015 voix de majorité, mais la Chambre a tenu à venger le sous-préfet en invalidant le vainqueur du candidat officiel, et les électeurs de Mauléon, par un second

[1] *Journal officiel* du 28 janvier, page 113.

vote conforme au premier, ont dû prouver que leurs con-
victions et leurs sympathies étaient au-dessus de toutes les
menaces [1].

Telles sont les réflexions que suggère l'étude de la vérification des pouvoirs en ce qui concerne les validations ; il
nous reste à parler des invalidations. N'avons-nous pas dès
maintenant le droit de conclure que la majorité, dans cette
besogne, a eu deux poids et deux mesures, et que, fort indul-
gente à ses membres, elle a été implacable pour ses adversaires ? Si elle avait appliqué à tous la même règle, c'est
dans son propre sein qu'elle eût dû porter le fer et le feu, et
il lui aurait fallu casser l'élection de bon nombre des siens.
Poursuivons cependant la démonstration entreprise, et cherchons à montrer maintenant les mobiles auxquels le parti
vainqueur a obéi en infirmant les arrêts du suffrage universel.

---

[1] Sur l'identité des procédés électoraux en 1863 et en 1889, sous
la République et sous l'Empire, voir aux documents la note
deuxième.

La chambre a prononcé vingt-sept invalidations. Six, à notre avis, avaient leur raison d'être ; deux seulement méritent qu'on s'y arrête, elles fournissent des arguments à l'appui de notre thèse.

M. Le Myre de Villers a été reconnu député de la Cochinchine au lieu et place de M. Ternisien, proclamé par la Commission de recensement de cette colonie ; c'était justice. La Commission de recensement de Cochinchine avait tenu pour nulle et non avenue une déclaration de candidature régulièrement déposée par M. Le Myre de Villers. La Chambre a été unanime à consacrer le droit de ce dernier.

Les invalidations de M. Paulin Méry, boulangiste, et du Mesnildot, conservateur, paraissent également motivées, — la première, parce qu'il y a eu violation des règles légales, M. Paulin Méry n'ayant obtenu qu'une majorité de 32 voix, et 76 bulletins nuls n'ayant point été annexés aux procès-verbaux, — la seconde, parce que les amis de M. du Mesnildot ont répandu contre son adversaire une calomnie avérée, l'accusant d'être d'origine prussienne, dire qui vraisemblablement a pu modifier la couleur d'un certain nombre de bulletins.

Rien à alléguer contre l'invalidation de M. Bischoffeim à Nice, entachée de toute évidence de manœuvres corruptrices. Restent les invalidations Calvinhac dans la Haute-Garonne, et Ménard-Dorian dans l'Hérault, votées par la Chambre avec pleine justice; arrêtons-nous-y néanmoins, parce qu'elles présentent des particularités tout à fait édifiantes.

Dans l'élection de Toulouse (deuxième circonscription) des fraudes éclatantes ont été constatées. Le candidat lui-même a été mis hors de cause, mais il est patent que les irrégularités les plus graves ont été commises. Là-dessus tout le monde est d'accord, M. Calvinhac aussi bien que le rapporteur. Le rapporteur déclare que les procès-verbaux et les feuilles de pointage portent «des signes non équivoques « de falsifications, de grattages, de surcharges, de râtures « semblant concorder vers le but de l'augmentation des « suffrages de M. Calvinhac [1]. » Le même aveu s'impose à celui au profit de qui la fraude a été pratiquée. « Il est « certain, a dit M. Calvinhac lui-même dans la séance du « 8 février, qu'il y a eu des grattages, des surcharges et « des râtures. Je ne nie pas un fait matériel, ce serait au « moins maladroit de ma part, et il vous serait facile de « me répondre tout de suite [2]. » Sans doute, la Chambre a fait justice, elle a invalidé M. Calvinhac et même ordonné le renvoi du dossier au ministère de la justice, mais, et c'est la remarque à retenir, les choses en sont restées là, et nul effort sérieux n'a été tenté pour saisir et châtier les coupables.

[1] *Journal officiel* du 19 janvier, page 19.
[2] *Journal officiel* du 9 février, page 117.

La Chambre a également annulé l'élection de Lodève marquée par des incidents analogues. Le fait à noter, c'est qu'elle a été bien longue à rendre son arrêt, c'est que M. Ménard-Dorian a siégé pendant quatre mois, alors qu'il avait reconnu lui-même n'être pas député.

La Commission de recensement de l'Hérault avait proclamé M. Ménard-Dorian élu avec 7,197 voix. La Commission de la Chambre a vérifié les chiffres, refait les calculs et attribué 7,081 voix à M. Paul Leroy-Beaulieu et 7,070 voix seulement à M. Ménard-Dorian. En l'état, aucun des candidats n'étant élu, il y avait lieu de proclamer immédiatement la vacance du siège de Lodève. Ainsi concluait le rapport inséré à l'*Officiel* du 22 décembre. M. Ménard-Dorian lui-même s'associait à cette demande. « Dès le « premier jour, déclarait-il dans la séance du 23 janvier, « lorsque je me suis aperçu, en refaisant les calculs, que « je n'avais pas la majorité absolue, ou, pour parler plus « exactement, qu'un certain nombre de voix contestables « pouvaient me mettre en minorité absolue, je l'ai spontané- « ment déclaré aux membres de la sous-commission « et aux membres du bureau, je leur ai dit qu'ils « n'avaient qu'à enregistrer ma déclaration et à nous « mettre, mon concurrent et moi, en possibilité de nous « présenter le plutôt possible devant le suffrage univer- « sel [1], » Après tout cela, après les conclusions du rapport si net sur la question des chiffres, après leur acceptation par l'intéressé lui-même, la Chambre, semble-t-il, n'avait plus qu'un parti à prendre : voter sans délai l'inva-

---

[1] *Journal officiel* du 24 janvier, page 69.

lidation. Eh bien ! dans une intention facile à percer, elle n'a point voulu procéder ainsi ; la même majorité qui, un peu plus tard, se refusera à l'enquête pour Saint-Pons, l'ordonne pour Lodève. Et ses commissaires, fidèles interprètes de sa pensée, la dirigent contre M. Paul Leroy-Beaulieu, l'homme éminent à qui l'on veut à tout prix barrer l'entrée du Parlement, le financier clairvoyant et sévère dont il faut effrayer les partisans, ébranler le crédit, en un mot diminuer les chances. Et ce n'est que le 28 mars, six mois après les élections, trois mois après le dépôt du rapport, quand le terrain électoral paraît suffisamment travaillé, que la Chambre se décide à prononcer l'annulation des opérations électorales de Lodève [1].

Les invalidations condamnés par la justice et l'équité sont au nombre de vingt et une ; elles ont frappé un républicain libéral, neuf boulangistes et onze conservateurs.

Les griefs invoqués contre les représentants que la majorité voulait sacrifier, se ramènent d'une manière générale à trois chefs d'accusation : pression, corruption, ingérence cléricale.

Les deux premières articulations atteignent, nous l'avons déjà indiqué, les candidats officiels autant et plus que les autres. Quel est le témoin impartial de nos luttes qui oserait soutenir que le Gouvernement, c'est-à-dire le parti au

---

[1] La manœuvre a réussi et la pression administrative produit son effet : le 27 avril dernier M. Ménard-Dorian a été élu contre M. Paul Leroy-Beaulieu par 7,632 voix contre 7,211.

pouvoir, n'a pas mis tout en œuvre, menaces et promesses, la séduction et la peur, pour amener le triomphe des hommes inféodés à sa cause? Si la mesure a été dépassée, à coup sûr c'est de ce côté.

Quant à l'ingérence du clergé, la question ne saurait se trancher avec les seuls éléments fournis par les débats de la Chambre, et l'affaire demande d'autres juges. Quelles garanties d'impartialité peuvent offrir des dépositions provoquées, recueillies par les adversaires, un arrêt rendu par les ennemis déclarés de la partie inculpée? A aucun degré les membres d'une majorité hostile non seulement au cléricalisme, mais encore à tout esprit religieux, n'ont qualité, soit pour conduire l'instruction, soit pour prononcer la sentence. Leur parti pris, leur animosité systématique infirment d'avance leur jugement.

Si l'on étudie le dossier des invalidations, une impression s'en dégage aussitôt, et il apparaît clairement que la majorité, dans cette besogne, a obéi à des mobiles différents, suivant qu'il s'agissait de boulangistes ou de conservateurs.

Relativement aux boulangistes, elle a cédé moins à un calcul qu'à ses rancunes ; elle a frappé dans le boulangisme l'opinion qui lui était la plus odieuse. Le boulangisme a paru un instant en passe de contre-balancer sa fortune, il a certainement présenté le plus sérieux danger qui ait jamais menacé la prépondérance du parti. On n'oublie pas ces peurs-là, et surtout on ne les pardonne pas. De là la haine particulière dont la Chambre était animée à l'endroit du boulangisme, et l'acharnement avec lequel elle l'a poursuivi, sans pitié, aveuglément, de parti pris. L'aveu en a été porté à la tribune par M. Madier de Montjau dans le débat sur l'élection de Chinon ; nous ne dirons point qu'il lui a échappé, car ce représentant semble s'être fait gloire de sa franchise et de son cynisme ; « A mon sens, a-t-il dit dans « la séance du 25 janvier, tous ceux qui se sont présentés « aux électeurs de France en tenant en mains le dra- « peau du général Boulanger, ont accepté la solidarité « de tout ce qui a été fait à son profit, ont admis l'exacti- « tude et la vérité de toutes ces calomnies, de toutes ces « diffamations odieuses qui, pendant plus d'un an, ont été « lancées contre la République et contre les républicains, « par le crayon et par la plume, qui ont voulu égarer » l'opinion des électeurs et les tromper sur la situation « comme sur les hommes qui avaient été au Gouverne- « ment. Quand je me souviens de cette caricature dans « laquelle on représentait tous les membres du ministère « actuel en costumes de galériens entrant au bagne, le « bonnet vert sur la tête, j'estime que ceux qui ont approu- « vé de pareilles publications, qui, se plaçant sous l'égide « et sous la protection du général Boulanger, ont implici- « tement déclaré que ces attaques indignes étaient méritées, « qui ont reconnu pour leur chef et leur type l'homme qui « les avait commandées, oui, j'estime que ceux-là ont « suffisamment contribué à égarer l'opinion pour que je « les condamne, non seulement à raison de ce qu'ils ont « eux-mêmes publié, mais à raison de ce qu'ils ont approuvé

« ou conseillé[1] .» Singulier juge, on en conviendra, que celui qui déclare à un des ses pairs, son collègue, sur lequel une législation imprévoyante et vicieuse lui a donné droit de vie et de mort: je vous frappe, non pas en raison de tel ou tel fait particulier, mais parce que j'ai horreur de l'opinion que vous représentez, et, pourquoi ne pas le dire? parce que votre tactique a failli entrainer la déroute de mon parti !

En regard de ces imprécations d'un fanatique, nous tenons à placer une profession de foi toute différente, inspirée celle-là par le véritable esprit de justice et d'équité, le seul qui devrait dicter ses décisions à une haute cour électorale digne de ce nom, et nous le faisons d'autant plus volontiers que cela nous permet de rendre hommage au caractère d'un homme qui honore le parti républicain libéral, le docteur Desprès, député de la Seine, l'infatigable adversaire des stupides et barbares laïcisations du conseil municipal de Paris. « Je dois avant tout, a-t-il dit en pro-
« testant contre l'admission de M. Joffrin, je dois avant
« tout me séparer nettement des boulangistes. Si quelques-
« uns de mes arguments et l'un des leurs se rencontrent,
« je suis et reste un républicain modéré, et j'en revendique
« hautement le titre. Je n'ai pas besoin de dire quelles
« preuves j'ai de mon opposition constante aux boulan-
« gistes ; je ne les ai jamais insultés, il est vrai, je me
« suis borné à leur faire une guerre loyale, mais persis-
« tante et acharnée, toutes les fois que l'occasion m'en a
« été fournie..... mais les républicains modérés sont

---

[1] *Journal oficiel*, dn 26 janvier, page 96.

« comme eux issus du suffrage universel, et ils *le res-*
« *pectent jusque dans ses erreurs* [1] », Même énergique
opposition aux invalideurs et même insuccès du reste,
lors de la discussion de l'élection de M. de Belleval à
Sceaux. « Ce n'est pas, vous le savez bien, par amour
« pour les boulangistes que je suis monté à la tribune,
« *c'est par respect pour le suffrage universel, par res-*
« *pect pour la vérité*..... Le neuvième bureau vous a pré-
« senté des rapports sur quatre élections boulangistes,
« et vous avez invalidé les quatre députés qui en étaient
« l'objet. Eh bien, il faudrait dire une fois pour toutes
« que le neuvième bureau propose sans phrases à la
« Chambre d'invalider tous les boulangistes dont les élec-
« tions sont soumises à son examen. » A cet ironique défi
la réponse a été faite par M. Madier de Monjau ; on vient
de la lire un peu plus haut.

En invalidant les boulangistes, la majorité a obéi surtout
à un ardent désir de vengeance: dans l'annulation des
élections conservatrices, il est entré, au contraire, plus de
calcul que de rancune. La raison dominante, dans ce
dernier cas, ça été l'espoir de recommencer la lutte dans
des conditions plus favorables. Nous avions jusqu'à présent,
disent les rapporteurs, la majorité dans cette circonscription ; comment se fait-il que nous l'ayons perdue? Ils
n'ajoutent pas, mais c'est le fond de leur pensée : en annu-
lant la partie, nous ramènerons peut être la chance de
notre côté. Quant aux fautes des précédentes législatures,

1 *Journal officiel* du 10 décembre, p. 339.

fautes qui suffisent à expliquer la désaffection du corps
électoral, la pensée ne leur vient même pas d'y attacher
de l'importance. Cela ne ressort-il pas, par exemple, des
déclarations, suivantes du rapporteur de l'élection de Fon-
tenay ? « La Chambre n'oubliera pas qu'il suffisait d'un
« déplacement de 280 voix pour amener l'élection de
« M. Guillemet (le candidat officiel) ; que la première cir-
« conscription de Fontenay-le-Comte a toujours donné
« une majorité républicaine : en 1877, en 1881 et même
« en 1885. Il a fallu nécessairement que des manœuvres
« blâmables à tous égards aient modifié et faussé le suf-
« frage universel [1]. » C'est encore le même rapporteur,
plus franc que les autres ou plus naïf, qui va nous révéler
un des mobiles principaux des invalideurs, le désir de
donner satisfaction aux comités, l'obéissance aux injonc-
tions de cette puissance occulte. « Je dis, concluait-il
« dans la séance du 1er février, je dis que vous ne devez
« pas avoir pour l'élu de Fontenay-le-Comte de la bien-
« veillance en rendant votre jugement. Je dis que, dans une
« décision semblable, la Chambre doit être juste, parce
« qu'apporter de la bienveillance dans l'examen des faits
« reprochés à M. Sabouraud, ce serait y mettre de l'in-
« justice et de la faiblesse. Je dis *de l'injustice* parce que
« songez-y bien, il y a à Fontenay-le-Comte un noyau de
« républicains énergiques qui, depuis vingt ans, ont voté
« pour la République... — Le comte Lanjuinais : — Auxquels
« il faut faire plaisir..... — Le rapporteur : — Et si vous
« montriez de la bienveillance pour M. Sabouraud, vous

[1] *Journal officiel* du 10 décembre, page 345.

« seriez en même temps injustes pour ceux qui ont lutté
« au profit des idées républicaines, qui seules peuvent
« nous donner l'ordre et la liberté [1]. » Au lecteur d'appré-
cier ce langage, de mesurer l'indépendance d'esprit et
l'impartialité d'un tel juge.

Une allusion vient d'être faite au rôle des comités : ne
la laissons point passer sans dénoncer un des traits les
plus fâcheux de notre état politique actuel. Ce que sont
les comités, tout le monde le sait. Des personnages, qui
ne sont pas toujours les plus considérés d'un pays, mais
qui, à coup sûr, en sont les plus remuants, se constituent
en comité. Ils ne tiennent leur mandat que d'eux-mêmes ;
rien, ni leurs antécents, ni leur situation, ni leur valeur
personnelle, ne les désignait pour exercer la direction du
parti républicain. Ils y prétendent cependant, et chose
curieuse, ils réussissent à s'en emparer. Les modérés
s'effacent devant eux ; l'administration se met à leurs
ordres. Le sous-préfet ne parle de ce cénacle qu'avec
respect, et distribue en son nom le blâme ou la louange.
Pas une nomination de répartiteur ou de délégué canto-
nal ne se fera sans l'autorisation de ces messieurs. Un
candidat pour les modestes fonctions de garde-champêtre
aura beau être présenté par un maire, appuyé par le
Conseil municipal d'une commune, s'il n'a pas l'agrément
des représentants de la coterie, il attendra longtemps
son investiture. On laissera tous les intérêts en souffrance
plutôt que de porter atteinte à l'autorité du comité.

Dans les invalidations, les comités ont joué un rôle

---

[1] *Journal officiel* du 2 février, page 154.

décisif. Parfois, le candidat battu, reconnaissant la régularité du vote, manifestait l'intention de ne pas en appeler. Mais les amis veillaient ; ce sont leurs obsessions qui ont décidé le vaincu à recommencer la lutte, au risque d'aboutir à un nouvel et plus irréparable échec, ce sont les membres du comité qui ont provoqué les protestations, qui les ont dictées, souvent même qui ont extorqué des signatures par la menace et par la violence. Un semblable pouvoir, anonyme, irresponsable, n'est qu'une cause de trouble et de désordre; son action illégitime entretient le malaise, elle annule le Gouvernement, envenime les haines, fausse l'esprit public. Le règne des comités doit prendre fin : tant que l'administration n'aura pas secoué un joug injustifiable, nous nous traînerons dans la même ornière, et rien ne sera changé à la situation. Que les comités cessent d'être les ressorts principaux de la politique locale ; de cette condition dépend l'avènement d'une République renouvelée, libérale, ouverte et tolérante, vers laquelle se tournent d'une façon si évidente toutes les aspirations de ce pays.

III

Nous exprimions en commençant une crainte : la vérification des pouvoirs peut elle être conduite avec justice et impartialité, si elle est remise à la majorité même dont les intérêts sont en jeu ? Le bon sens disait non ; l'examen des faits n'a que trop démontré la justesse de ces pronostics, et, par cela même, la nécessité d'une réforme.

En politique, tout semble licite. Chez les plus honnêtes gens eux-mêmes on est obligé de reconnaître un singulier dédoublement de la conscience : — l'une, austère, intraitable, qui règle avec la rigueur la plus minutieuse les actes de la vie privée ; — l'autre, infiniment, plus relâchée et tout à fait facile, qui est réservée pour les choses de la politique. Parmi les hommes publics, il en est fort peu qui, pour ruiner un adversaire, hésiteront à lancer le mensonge et la calomnie ; s'ils ont la force, s'ils croient pouvoir recommencer avec succès une partie perdue, ils s'empresseront de casser l'élection la plus régulière, et ne reculeront pas devant un vol. Le mot est-il trop fort, et y en a-t-il un autre qui convienne pour la plupart des invalidations auxquelles nous venons d'assister ?

Certes on n'a jamais vu fleurir comme aujourd'hui ces tristes mœurs électorales ; la majorité actuelle s'est dis-

tinguée dans la vérification des pouvoirs par une complète absence de scrupules. Cependant qu'on ne se fasse point illusion : toute majorité, quelle que soit sa couleur, armée en pareille matière d'un pouvoir souverain, sera toujours encline par la force des choses à commettre les mêmes fautes, à sacrifier la justice à la passion et à ses intérêts. Ce que nous combattons, ce n'est pas seulement l'attitude de cette Chambre en particulier, c'est d'une manière générale l'attribution des causes électorales à la juridiction parlementaire. Une majorité, si bien composée qu'on la suppose, ne pourra jamais se dégager de l'esprit de parti, résister à ses suggestions. L'histoire du passé est là pour nous en convaincre. Ouvrez les annales de la Restauration, vous y trouverez le récit de violences analogues à celles dont nous avons été témoins. Si l'on voulait poursuivre le parallèle et rapprocher les circulaires officielles de cette époque et de la nôtre, il faudrait se reporter aux signatures pour distinguer la prose des ministres de Louis XVIII et de Charles X de celle des ministres de M. Carnot. La théorie des fonctionnaires esclaves n'est pas nouvelle ; on l'applique aujourd'hui dans toute sa rigueur, mais dès 1824, le garde des sceaux en donnait la formule.
« Quiconque, écrivait-il aux procureurs généraux et aux
« procureurs du roi, accepte un emploi, contracte en
« même temps l'obligation de consacrer au service du
« Gouvernement ses efforts, son talent, son influence. Si
« le fonctionnaire refuse au Gouvernement les services
« qu'il attend de lui, il rompt volontairement le pacte dont
« l'emploi qu'il exerce avait été l'objet et la condition.
« C'est la plus certaine et la plus irrévocable des abdica-

« tions. Le Gouvernement ne doit rien à celui qui ne lui
« rend pas ce qu'il lui doit. Hâtez-vous de rappeler ces
« vérités à vos substituts, aux officiers de police judi-
« ciaire, aux officiers ministériels de votre ressort, à tous
« ceux en un mot dont la loi s'est faite le surveillant et le
« guide. Dites-leur que j'exige d'eux une coopération
« loyale, active, efficace. Annoncez-leur que vous serez
« attentif à leurs démarches [1]. » Les hommes seront toujours les hommes, c'est-à-dire avant tout des êtres mobiles
et passionnés, dociles aux suggestions de l'intérêt per-
sonnel. Sous la république comme sous la monarchie, le
pouvoir enivrera ses détenteurs ; voilà pourquoi il faut
limiter la toute-puissance et chercher dans des dispositions
législatives sagement combinées les garanties que le caractère des individus ne saurait offrir.

Si l'abus que nous avons entrepris de dénoncer à l'opinion présente une incontestable gravité, facile en revanche
en est la réforme. Il n'en est pas de ce mal comme de
beaucoup d'autres qui affligent notre organisation sociale,
le remède s'aperçoit de suite, il est des plus simples à ap-
pliquer. Il suffirait, pour couper court aux inconvénients
signalés, de retirer à la Chambre le dépouillement des
dossiers électoraux et de le confier à la plus haute juridiction de notre magistrature, à la Cour de cassation.

Il ne s'agit en somme que d'étendre aux élections législatives la règle déjà en vigueur pour les élections com-
munales et départementales. La loi s'est bien gardée de

[1] Viel-Castel, *Histoire de la Restauration*, XIII, page 139.

laisser aux Conseils municipaux et généraux la vérification des pouvoirs de leurs membres, elle a dévolu cette tâche aux conseils de préfecture pour les premiers, et au conseil d'État pour les seconds. Pourquoi en a-t-elle ainsi disposé? Par une très légitime défiance à l'endroit des membres de ces assemblées. Elle n'a pas admis qu'ils pussent être à la fois juges et parties dans la cause. N'en doit-il pas être de même pour les députés? Présentent-ils plus de garanties, sont-ils moins suspects, plus étrangers aux passions et à l'esprit de secte? Que la loi prenne donc contre eux les mêmes précautions que contre les autres membres de la hiérarchie électorale.

La Cour de cassation est le corps indiqué pour le contrôle des élections législatives. Le conseil d'État se compose de fonctionnaires à la dévotion du Gouvernement. Les membres de la Cour de cassation sont nommés par le Gouvernement, mais inamovibles. Certes le meilleur mode de recrutement de la magistrature n'est pas le système qui confère au Gouvernement un droit absolu de nomination; il est moins mauvais que l'élection par le suffrage universel, il est loin d'être sans défauts. Quoiqu'il en soit, et en attendant une refonte de notre organisation judiciaire, où la magistrature, gardienne des droits de tous, soit soustraite à l'influence avilissante de la politique, la raison et l'expérience commandent d'enlever les causes électorales de l'enceinte surchauffée du Parlement pour les transporter dans le prétoire calme et froid de la Cour de cassation, le tribunal qui présente pour tous le plus de garanties de justice et d'impartialité.

La réforme que nous réclamons ne serait pas complète, si la loi n'enlevait pas en même temps à l'arbitraire administratif la composition des Commissions départementales de recensement. On a vu le rôle joué par ces Commissions dans les dernières élections : la Commission de recensement de la Haute-Garonne a connu la fraude et l'a couverte de son silence, la Commission de l'Hérault en a fait autant pour Saint-Pons, et pour Lodève a proclamé élu un candidat qui, d'après le travail même du bureau de la Chambre, avait moins de voix que son concurrent. Les préfets sont libres de composer à leur guise ces tribunaux de première instance. Pour des raisons qui sautent aux yeux, la suppression de cet abus s'impose. Ici encore des précédents existent, qui indiquent la voie à suivre. La loi a décerné la présidence du collège électoral sénatorial au président du tribunal du chef-lieu de département. Pourquoi ne pas recruter pareillement parmi les représentants de la justice les commissaires de recensement, pourquoi ne pas confier cette besogne au tribunal tout entier siégeant en séance publique ?

L'esprit de parti, nous l'affirmons hautement, est complètement étranger au projet de réforme dont nous réclamons l'étude et l'application ; ce projet n'a pas pour but de favoriser les uns plus que les autres, il est une garantie pour tous, pour la gauche aussi bien que pour la droite. A l'heure actuelle assurément la réforme profiterait à la droite, en plaçant ses représentants hors des atteintes de ses adversaires, mais la majorité d'aujourd'hui peut devenir la minorité de demain. Un demi-million à peine de suffrages, il ne faut point perdre cela de vue, sépare les deux camps. Oui, à la coalition radicale-opportuniste peut succéder une coalition conservatrice-libérale, sans que pour cela les institutions républicaines soient mises en péril. Cette évolution est dans les possibilités de demain, et l'avènement légal du parti conservateur est une éventualité qu'il ne faut pas rejeter comme invraisemblable, ni même repousser comme funeste, si le programme de la droite républicaine devait devenir la plate-forme de l'opposition. Peut-être serait-il désirable pour la République même qu'elle ne paraisse pas inféodée à une coterie, et qu'elle se montre apte à changer de mains, c'est-à-dire d'orientation, quand l'état de l'esprit public le réclame, ainsi qu'on voit dans les monarchies constitutionnelles le pouvoir passer de gauche à droite, des whigs aux tories, et réciproquement. Qu'une majorité nouvelle arrive aux affaires, si elle garde quelque ressentiment de la rigueur avec laquelle on l'a traitée comme opposition, faudra-t-il s'en étonner, et ne serait-il pas conforme à la nature humaine qu'elle fût tentée d'user de représailles et de ramasser à son tour l'arme maniée contre elle avec tant de rudesse ? Les républicains feraient sagement d'envisager cette hypothèse et de songer à l'avenir : qui sait ce qu'il sera ? Si leurs chefs avaient de l'esprit politique, s'ils se faisaient de la république une conception moins étroite, ils devraient profiter de leur prépondérance actuelle pour organiser des garanties libérales, qu'ils pourraient un jour retrouver eux-mêmes et invoquer à leur profit. Sans doute en se dessaisissant de la vérification des pouvoirs, ils renonceraient à un privilège, si tant est que ce soit un avantage que d'avoir la pleine liberté de l'injustice. Mais leur domination sera-t-elle éternelle, et un revirement du suffrage universel est-il une de ces éventualités qu'il faille complètement écarter? Leur intérêt bien entendu est donc d'accord avec la justice.

Hommes de droite, hommes de gauche, l'intérêt de tous indistinctement est que les droits des minorités soient toujours sauvegardés. Sur cette réforme, tous les honnêtes gens, quelle que soit leur cocarde, peuvent et doivent s'unir: cet écrit ne s'adresse pas aux autres.

30 mai 1890.

DOCUMENTS

NOTE 1. — LISTE DES CANDIDATS OFFICIELS

DÉPARTEMENTS	VILLES	NOMS	NOMBRE DE VOIX		MAJORITÉ
		Ayant obtenu moins de 500 voix de majorité			
Hérault	Béziers	MM. Vérnhes.	9207 contre 8710		497
Nièvre	Cosne	Ducoudray.	9674	— 9195	479
Doubs	Besançon, 2e	Beauquier.	4258	— 3817	441
Seine	IXe arr., 1re	Ferry.	3966	— 3538	428
Hérault	Lodève	Ménard-Dorian.	7632	— 7211	421
Seine	XIIIe arr., 1re	Hovelaque.	2978	— 2562	416
Vienne	Poitiers, 1re	Denizot.	7111	— 6702	409
		Moins de 400 voix de majorité			
Gers	Lectoure	Descamps.	6265	— 5866	399
Gironde	Libourne 1re	Surchamp.	7579	— 7199	380
Creuse	Boussac	Cousset.	4155	— 3777	378
Pas-de-Calais	Montreuil	Boudenoot.	9206	— 8836	370
Hautes-Pyrénées	Tarbes 1re	Baile.	7057	— 6688	369
Gironde	Lesparre	Du Périer de Larsan.	5888	— 5519	369
Savoie	Albertville	Blanc.	3786	— 3418	368
Aude	Castelnaudary	Mir.	6449	— 6097	352
Haute-Saône	Vesoul	Mercier.	11839	— 11492	347
Basses-Pyrénées	Oloron	Barthou.	7035	— 6695	340

DÉPARTEMENTS	VILLES	NOMS	NOMBRE DE VOIX		MAJORITÉ
		Mois de 400 voix de majorité (*suite*)			
Seine	XIIᵉ arr., 2ᵉ	Dreyfus.	4481	— 4162	319
Loir-et-Cher	Romorantin	Jullien.	6890	— 6578	312
Aisne	Soissons	Macherez.	5997	— 5687	310
Finistère	Quimper, 2ᵉ	Cosmao-Dumenez.	8912	— 8609	303
Pas-de-Calais	Boulogne, 2ᵉ	Boulanger-Bernet.	8017	— 7716	301
		Moins de 300 voix de majorité			
Seine	XXᵉ arr., 2ᵉ	Tony-Révillon.	6278	— 5989	289
Nord	Douai, 2ᵉ	Dubois.	6984	— 6702	282
Charente	Ruffec	Duportal.	7042	— 6797	245
Marne	Ste-Ménehould	Bertrand.	3607	— 3389	218
		Moins de 200 voix de majorité			
Nord	Lille, 6ᵉ	Dron.	7516	— 7317	199
Drôme	Nyons	Le baron Boissy d'Anglas.	4308	— 4141	167
Seine	XIVᵉ arr., 2ᵉ	Pichou.	2663	— 2512	151
Côte-d'Or	Châtillon	Leroy.	5959	— 5820	139
Dordogne	Sarlat, 2ᵉ	Villemonte.	6391	— 6256	135
Côtes-du-Nord	Dinan, 1ʳᵉ	Jacquemin.	5491	— 5361	130
Gironde	Bordeaux, 4ᵉ	Raynal.	11370	— 11243	127
Yonne	Tonnerre	Rathier.	5359	— 5240	119
Corrèze	Tulle, 2ᵉ	Delpeuch.	8119	— 8017	102

DÉPARTEMENTS	VILLES	NOMS	NOMBRE DE VOIX		MAJORITÉ
		Moins de 100 voix de majorité			
Seine	XVIe arr.,	Marmottant.	5759	— 5686	73
Seine-Inférieure	Dieppe, 1re	Breton.	5455	— 5382	73
Ardèche	Tournon, 1re	Seignobos.	9593	— 9520	73
Seine	XIVe arr., 1re	Jacques.	5959	— 5890	69
Lot	Cahors 2e	Rey.	8156	— 8090	66
Somme	Abbeville, 2e	de Douville.	8311	— 8258	53
Seine-et-Oise	Pontoise, 1re	Hubbard.	6954	— 6927	27
Hérault	Saint-Pons	Razimbaud.	6334	— 6308	26
Basses-Alpes	Barcelonnette	Henry Fouquier.	1456	— 1432	24
Vosges	Neuf-Château	Frogier de Pont-Levoy.	6590	— 6571	19
Loire-Inférieure	Saint-Nazaire	Fidèle Simon.	8458	— 8452	6

Les gouvernements tombent, les hommes changent, — les procédés restent invariablement les mêmes. Les sous-préfets de la République de M. Carnot n'agissent point d'autre sorte que les sous-préfets de Napoléon III. Il n'est peut-être pas sans utilité, en tout cas il est juste et intéressant, de faire ce rapprochement.

En 1863, sous le règne de M. de Persigny, le sous-préfet de Sainte-Afrique, à la demande du candidat agréable, M. Calvet-Rogniat, accorde instantanément aux habitants de la commune de Lapanouse de Cernon la faculté de pacage dans les bois domaniaux de la Mouline et de la Font-platelle. En 1889, sous le consulat de M. Constans, le sous-préfet de Mauléon menace ouvertement du retrait des droits de pacage, dans la montagne, les habitants des communes des Aldudes et d'Urepel, s'ils ne votent pas pour le candidat officiel. Nous avons reproduit plus haut les considérants du jugement de Mauléon : plaçons en regard deux dépêches dont nous devons la conservation au zèle de M. Jules Ferry :

Première lettre du sous-préfet de Sainte-Afrique publiée et affichée par le maire de Lapanouse de Cernon :

La faculté de paître à la Mouline et à Fontplatelle est accordée dès aujourd'hui, 30 mai. Vous pouvez faire paître librement en attendant que vous obteniez la distraction du régime forestier. La coupe vous est accordée au mois de septembre ; ayez toujours confiance dans l'administration et dans le gouvernement de l'Empereur : vous savez que mieux que personne nous n'avons plus rien à cœur que le souci de vos intérêts, et que, mieux que personne, nous pouvons vous donner satisfaction.

Deuxième lettre :

Annoncez aux habitants de Lapanouse que la libre dépaissance est accordée dans la Fontplatelle et à la Mouline.

La commune de Lapanouse jouira instantanément de cette faculté, en attendant la distraction du régime forestier.

Nous le demandons à tous les gens de bonne foi, entre la manœuvre du sous-préfet républicain de Mauléon et la manœuvre du sous-préfet impérial de Sainte-Afrique, entre les procédés de 1863 et ceux de 1889, l'identité n'est-elle pas complète, l'analogie frappante ? Si M. Jules Ferry est implacable pour les tentatives corruptrices des agents de M. de Persigny, que dira-t-il des entreprises des fonctionnaires de M. Constans !

1 *La liberté électorale* en 1863, p. 169.

Nous avons cité des exemples, deux entre autres bien authentiques, d'essai de séduction de la part des candidats officiels par promesse de secours aux églises. A Saint-Nazaire, le 22 septembre, M. Fidèle Simon notamment peut bien n'avoir dû son succès, une victoire enlevée à six voix de majorité, qu'à l'annonce répandue par ses amis dans la commune de Mesquer d'une subvention de 10,000 francs pour l'église. C'est encore l'empire qui a appris cette tactique à nos républicains officiels, car les protestations fondées sur cette exploitation des senti-ments religieux abondent dans le livre de Jules Ferry ; elles y sont recueillies avec un soin pieux, commentées avec une noble indignation. Le placard affiché à Mesquer par les soins des amis de M. Fidèle Simon (voir plus haut l'extrait du rapport), est-il autre chose que la reproduc-tion de cette vieille affiche de 1863, conservée par M. Jules Ferry pour notre édification?

Le maire de Valbonnais aux électeurs de sa commune.

Permettez-moi, Messieurs, de vous engager à vous rendre exactement au scrutin dimanche et lundi prochains, et de voter pour M. Royer, candidat du Gouvernement ; notre pays plus que toute autre commune, a besoin du secours du Gouvernement, et il ne nous fera pas défaut, soyez-en sûrs, car déjà un premier secours de 5,000 francs vient de nous être accordé par Son Excellence M. le ministre de l'instruc-tion publique et des cultes pour notre église de Valbonnais ; un deuxième secours nous arrivera sous peu de temps. Ce ne sera pas là le dernier de nos besoins ; des secours seront successivement deman-dés pour l'église des Engelas et pour des maisons d'école. Prouvonslui donc, par nos votes unanimes, que nous sommes reconnaissants, et que nous avons confiance dans l'avenir.

Valbonnais, le 25 mai 1863.

Le Maire,

A. DUSSERT [1].

Si les électeurs de Saint-Dié étaient restés fidèles à M. J. Ferry, nous aurions eu sans doute ce rare et beau spectacle d'un homme d'État fidèle à ses principes, montant à la tribune pour blâmer chez ses amis les procédés qu'il n'a cessé de flétrir chez ses adversaires.

[1] *La liberté électorale* en 1863, p. 174.